1

Retazos de mi intimidad II

Livia Ortiz

PROLOGO

Segundo compendio de frases y citas de mi autoría que exponen abiertamente y sin filtros mi forma de pensar y de abordar el mundo.

Esta edición también está acompañada por una serie de fotografías de mi álbum personal que muestra mi pasión por el arte. Ojalá muchos lectores encuentren similitudes en los puntos de vista que exteriorizo en este libro y si acaso ese anhelo trascendente no se cumpliera; espero que la experiencia de leer mis ideas logre afianzar las de ustedes aunque sean opuestas a los mías...!

Para todos los que luchan por sus sueños;
sin dormirse en noches eternas,
sin deslumbrarse con amaneceres
repentinos…

Que tienen sus ojos puestos en el horizonte
y sus alas colgadas de un cielo infinito,
que siguen plantando sus pies en el suelo;
para que jamás se les olvide quiénes son
y cuánto tuvieron que esperar
para que la realidad tocara por fin
sus anhelos más profundos…!

1.   No creo que haga falta tener muchas neuronas para ser inteligente; basta con tener unas pocas que estén dispuestas a trabajar y que de paso sean alérgicas a la ignorancia.

2.   No voy a llorar porque dejaste de amarme, al fin y al cabo tu falta de amor no va a curarse con mis lágrimas.

3.   Si vas a irte, vete de una vez por todas, borrando con cada paso el camino de regreso…

4.   No fui tan tonta por creerte insuperable, pues al final tus actitudes le quitaron contundencia a mi estupidez.

5.   Hay hombres comunes y corrientes; pero hay más corrientes que comunes.

6. Si proclamas que ese hombre es perfecto, es porque te crees muy poca cosa y para ti cualquier cosa es sinónimo de perfección…

7. Tu problema es que siempre has querido ver un ángel en una rata sin alas.

8. Hay quienes afirman: "Te pegó porque lo provocaste" ¿Cómo quien dice el animalito actúa por reacción y hay que perdonarle el hecho de tener por cerebro un grano de lenteja?

9. Quiero darte un beso infinito que borre todos los que ya te han dado y que te arrebate por siempre los deseos de sentir otra boca…

14

10.	Extrañarte es mi forma de tenerte siempre conmigo, de acariciar tu imagen con los dedos de mi imaginación, de caminar a tu lado aunque no estés cerca.

11.	Ya no voy a desgastarme en discusiones inútiles; porque entendí que hablar con calma y con mesura genera más atención, respeto y credibilidad que los gritos y los desmanes.

12.	Para enamorarse no hace falta dejar a un lado la cordura, basta con darle la oportunidad al corazón de gobernarnos por un ratito…

16

13.   Tienen razón, a veces soy explosiva, apasionada, egoísta, odiosa, impulsiva, caprichosa, un poco terca, emocional y distraída; pero también soy autentica y no voy por la vida aparentando ser una maravilla para ganar aplausos o aceptación a costa de mentiras.

14.   Estoy cansada de amarte, porque este amor se ha vuelto un gigante confuso que presiona mis huesos y mi carne reclamando más espacio…!

15.   Respeto la forma de pensar de los demás pero no participo en cosas con las que no comulgo o no estoy de acuerdo…

16. Todos tenemos derecho a hacer con nuestra vida lo que se nos antoje; el único problema es que no somos los únicos habitantes del planeta y lo que hacemos afecta positiva o negativamente a las personas que nos rodean.

Esa realidad tan concluyente le pone límites a nuestro derecho…!

17. Cuando alguien se equivoca no me dejo enredar con sus discursos de última hora donde acomoda las palabras para excusarse y afirmar que no tuvo la culpa.

Yo prefiero la gente que habla poco, que reconoce sus errores y lucha por corregirlos. Eso para mí es grandeza…!

18.   Dicen que uno no debe confiar en extraños, ¿pero qué pasa cuando un extraño resulta ser mejor persona que esa que conoces desde hace años?

19.   Creo más en una actitud sincera de enmienda que en un acto desesperado de arrepentimiento.

20.   Prefiero la soledad al suplicio de una pésima compañía…

21. En este mundo de contradicciones, algunos que se jactan de ser "buenos y justos" hacen trampa por debajo de cuerda y muchos que se proclaman "malos" en realidad no son capaces ni de matar una mosca.

22. No aparento lo que no soy ni mucho menos lo que no tengo para todo el que se acerque sepa a qué atenerse y no se llene de falsas expectativas...

23. Mi amor por ti no tiene fecha de vencimiento y ha pasado sobrado todos los controles de calidad...

24. La distancia es solo arcilla que cada quien moldea a su modo y la hace más grande o más pequeña dependiendo de su visión personal.

25. Contigo puedo sembrar flores en el pavimento, cosechar sonrisas en estatuas de cera y jugar con burbujas de jabón en un recipiente sin agua…

26. A mí solo me funciona ser yo misma, hablar con la verdad, decir lo que siento sin disfraces porque nunca me voy por las ramas y odio las indirectas…

27.   Si acaso intentara olvidarme de ti, sería tan inútil como desocupar el mar por completo para cambiarlo de lugar, o quitarle todas las estrellas al universo para adornar mi árbol de navidad...

28.   Mi amor por ti es como el aire que va contigo a todos lados, se filtra por cualquier hendija para verte y no puedes medirlo ni ponerle límites...

29. Cuando nos enamoramos empezamos a sentir mariposas en el estómago que luego se convierten en elefantes gigantescos pisoteándonos el organismo entero...

28

28.   Tengo ganas de sentirte, deleitarme con cada relieve, con cada forma, propasarme contigo y devorarte sin protocolo ni urbanidad…

29.   Este amor me sorprende todos los días y me deja con la boca abierta cuando se desnuda y me muestra de qué está hecho…!

30.   Yo no hago todo lo que el mundo haría en mi lugar, yo no me dejo llevar por los consejos cuando esos consejos van en contra de quien soy y de lo que pienso; sé muy bien para dónde voy y hacia ese lugar dirijo todos mis objetivos y esfuerzos…

31.   Yo quiero un amor real con flores y espinas; y deseo que tú seas el jardín donde voy a plantarlas todos los días, de aquí a la eternidad…!

32.   Lo nuestro no es solo cuestión de química; aquí se trata de física, biología, anatomía, psiquiatría, neurociencia afectiva, antropología, psicología, amorlogia, mecánica celeste, astronomía, religión, filosofía, teología, eso y mil cosas más y todas juntas…!

33.   Soy de las que habla como una lora mojada cuando está feliz y se queda en silencio cuando está enojada…

32

34.   Yo no quiero hacer parte de la mayoría; yo prefiero pertenecer a una minoría que haga la diferencia…

35.   Sería sencillo odiarte, cuando constantemente estas ganando méritos; pero alimentarme de sentimientos negativos solo para hacerle honor a tus actos sería como premiarte y no te lo mereces.

36.   Desde que apareciste en mi vida te ocupaste de limpiar el lodo de mis complejos, enseñándome a amar sin inhibiciones…

37.   Te felicito tienes la habilidad de la elocuencia, enredas a más de uno con tus palabras; pero mi inteligencia es inmune a los nudos y mis oídos son sordos cuando hablas.

38.   Como en este mundo nadie tiene la verdad absoluta, no le cómo cuento a esas personas que intentan cambiar mi forma de pensar y de ver la vida aduciendo que estoy pasada de moda…!

39.   Si a las mujeres nos tildan de "fáciles" por entregarnos a un hombre sin pensarlo dos veces. ¿Cómo deberíamos llamar a los hombres que se van a la cama con una y con otra sin pensarlo ni una sola vez? …

40.   Nada mejor para espantar el aburrimiento que hacerle jaque mate a la mente ocupándola con una larga lista de cosas productivas…

41.   La falta de educación sale a la luz rápidamente, porque a la ignorancia le gusta hacerse notar…

42.   Si basta con tener un granito de fe para mover montañas; yo podría cambiar de lugar el Everest con un solo dedo, porque mi fe es apoteósica…

38

43. Las canas no son una muestra visible de vejez, son simplemente rastros de estrellas que empiezan a poblar nuestro universo de sabiduría, pintándolo con un color distinto…

44. No me gustan los consejos ni las ordenes ni las sugerencias, cuando la persona que me las dice no tiene vivencias personales, verídicas y concretas que soporten sus indicaciones.

45. Hasta para portarse mal es necesario tener decoro. Nada más desagradable que ver una mala acción escondiéndose en las faldas del cinismo y la desvergüenza…

46.   Me gusta la gente que me confronta, que me dice lo que le molesta sin escudarse en el protocolo, que no se ocupa de parecer perfecta y expresa sus emociones ampliamente sin disfrazarlas…!

47.   Solía pensar que el amor era la única fuerza invisible capaz de mover el universo, ahora estoy convencida.

48.   Creo que después de todo no eres mi alma gemela, eres mi alma paralela porque coincidimos en casi todo a pesar de ser tan diferentes…

49.   Escribir es mi forma de concederle libertad a esas ideas que se sublevan a diario en mi cabeza y que luchan por escapar del mundo de lo anónimo…!

50.   Si tengo que escoger entre amor y respeto, elijo respeto; porque el amor se transforma con el tiempo mientras que el respeto se conserva incólume…!

51.   Permití por muchos años que la manipulación de terceros guiara mis acciones, creyendo que al hacerlo les demostraba con hechos que estaba de su lado.   Hoy he comprendido que viví todo ese tiempo ciega y equivocada…!

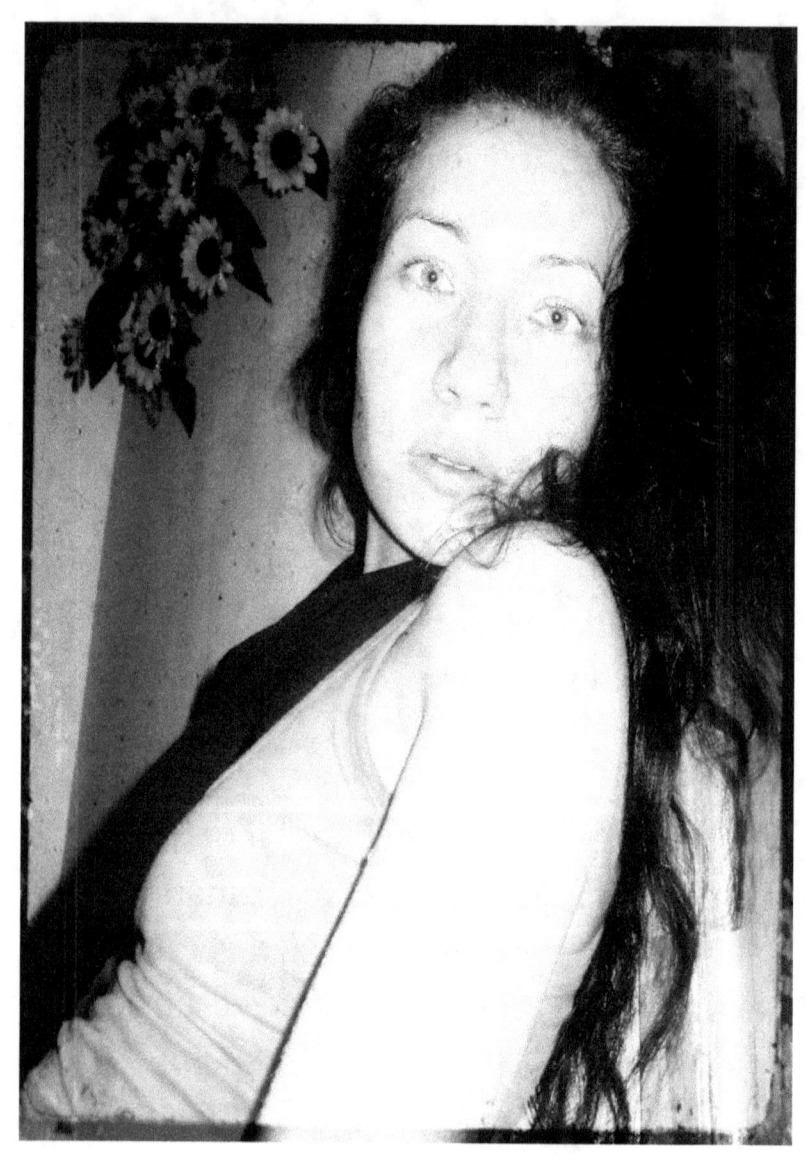

44

52.   No es tan difícil decir "NO" cuando tienes la certeza que decir "SI" te haría sentir inconforme por mucho tiempo…!

53.   Todo el mundo dice que lo importante es lo que llevamos en el interior, entonces ¿Por qué casi nadie se ocupa de alimentar esa parte?

54.   Errar es de humanos, pero que alguien se ponga en la tarea de maquillar mil veces el mismo error para hacerlo ver como un acierto, eso es repugnante…!

46

55.   Disfruto más la felicidad, desde que dejé de perseguirla como un objetivo y empecé a verla como una circunstancia de vida que no permanece constante…

56.   No me queda tiempo para olvidarte porque me enamoro de ti todos los días…

57.   Siempre defiendo mi punto de vista hasta el final; para eso nunca me faltan argumentos…

58. Cuando estoy triste, visto mi cara de fiesta para evitar que el mundo exterior sea testigo de algo que no es de su incumbencia…

59. El amor verdadero no necesita recurrir a la melosería para demostrar su valor; toda vez que encontraría en la ternura un mejor medio para lograr ese objetivo.

60. A la traición le gusta camuflarse en medio de la bondad para pasar desapercibida; pues si pretendiera actuar sin mascaras no causaría el más mínimo perjuicio y todo el mundo advertiría su presencia con facilidad…

50

61. No seré recordada como una vieja chismosa, porque estoy demasiado ocupada con mi propia vida como para examinar los actos de los demás sin equivocarme...!

62. La vida es demasiado corta para desperdiciar el tiempo amargándome por cosas que ya pasaron y que no puedo cambiar.

63. Ocúpate de tus propios problemas, que yo no voy a heredarte los míos para que los soluciones a tu manera...!

64.   Muchas mujeres están más preparadas para vivir un cuento de hadas que para enfrentar el mundo real.

65.   Tenía la costumbre de pedirle explicaciones a todo persona que me decepcionaba, me desgastaba haciendo protestas; ahora me tomo las cosas con más calma y simplemente saco conclusiones con base en hechos que puedo comprobar por mi propia cuenta.

66.   Nunca fui tuya…! Estuve contigo por un tiempo que es bien distinto…

67. No me cuesta trabajo CREER en un hombre, me cuesta trabajo CONFIAR; asumir que esta vez dejaré mi corazón en las manos correctas y no en aquellas que terminarán masacrándolo…!

68. Cuando conozco un hombre, en lo primero que me fijo de su aspecto físico es en los dientes y en las manos; si me gustan esas dos cosas, es muy factible que me guste todo lo demás…!

69. Nunca dejaré de amarte…! y no porque te fuiste y me dejaste a un lado; correré a los brazos de otra persona para huir de lo que siento; yo no te daré el gusto de verme actuar de una forma tan predecible…!

56

70.   Contigo me basta y me sobra; tu amor me abarca por completo y no me ha dejado el más minúsculo espacio para incluir otra persona.

71.   Mi cita ideal: Un lugar pequeño, deshabitado y romántico; velas, música suave, una copa de helado y una conversación alucinante con el hombre que amo. Ese sería el preámbulo de una noche fantástica…!

72.   ¿Será que a las mujeres nos gustan más los hombres que no se dejan leer fácilmente porque el reto de descifrarlos nos resulta tentador?

73.   Me gustas mucho, no sé POR QUÉ; pero tengo muy claro PARA QUÉ y eso es lo que importa.

74.   Estoy segura que un día volverás; solo hace falta que el tiempo me dé la fecha exacta para anotarla en mi calendario y el destino una oportunidad para vivirla.

75.   Prefiero ser una soñadora y esperar que se haga realidad lo imposible, a ser una realista atrapada en la seguridad de lo posible sin ilusiones por albergar…!

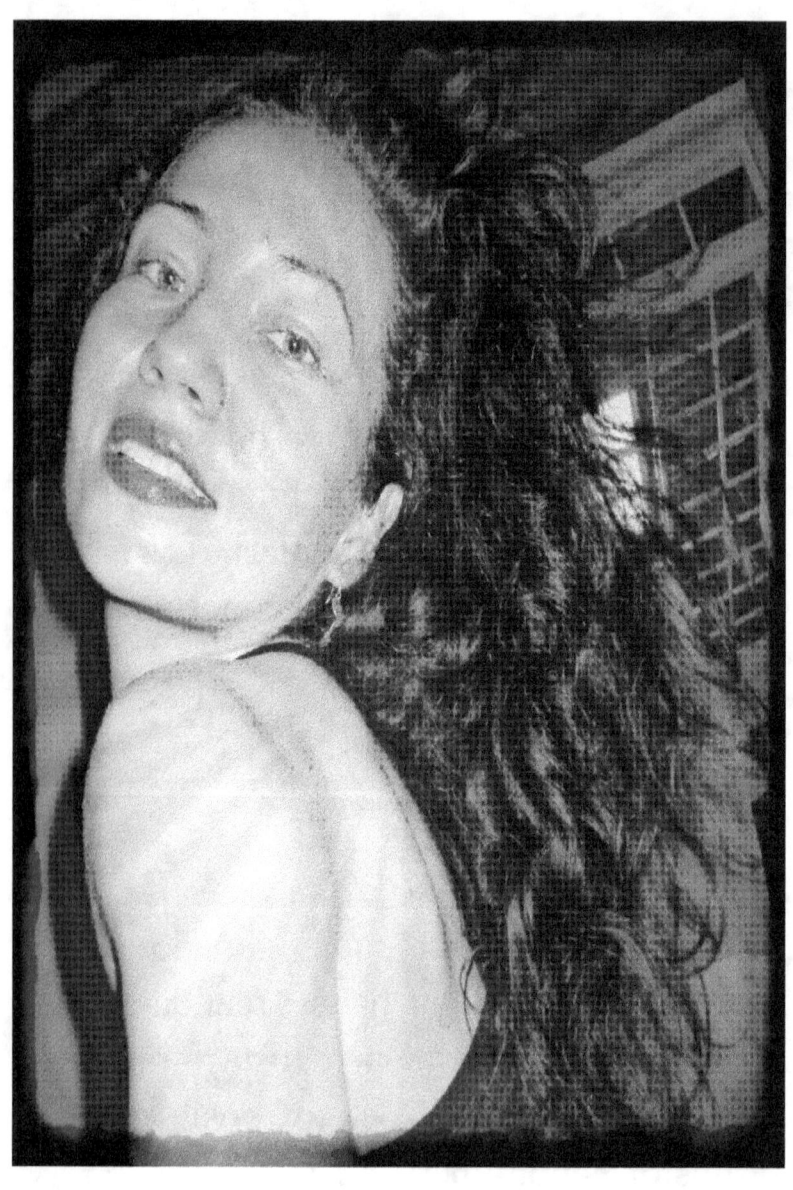

76.　　Sería muy fácil continuar con mi vida sin ti, si solo me devolvieras esa parte de mí que se fue contigo y que aún no regresa…!

77.　　No soporto a la gente inescrupulosa que valiéndose de toda clase de artimañas alcanza sus fines y luego se vanagloria de sus actos como si se tratase de grandes hazañas..

78.　　El cielo no es un techo azul, infinito e inalcanzable.　El cielo tiene tu nombre, habla con tu voz y luce como tú…

79.	De nada sirve correr, cuando la suerte camina despacio y en contravía…

80.	Siempre voy en pos de lo correcto aunque lo incorrecto resulte tentador y tenga una larga lista de adeptos.

81.	En realidad, no actuó para agradar a nadie; sería muy tortuoso vivir de esa manera…

64

82.　　Si algo me gusta, me gusta desde el principio y de manera instantánea; de lo contrario no me gusta nunca, pues mi gusto es obstinado y no se deja sobornar con el paso del tiempo…!

83.　　No me impresiona un hombre que conozca todos los rincones del planeta, que hable muchos idiomas, que tenga muchos títulos o que tenga en su historial muchas aventuras. A mí me impresiona un hombre que ame las cosas simples y sencillas de la vida, que no necesite recurrir a sus hazañas para conquistar una mujer…!

84.　　Cuando un hombre habla mucho, siente poco y cuando se queda callado, está diciendo mil cosas…!

85.   Soy de esas mujeres que se derriten con un ramo de flores, una caja de chocolates, una cita romántica y es una lástima reconocer que me he derretido muy pocas veces…

86.   Dame un beso que me cuente en voz alta lo que por mí sientes, con lujo de detalles, usando todas las palabras del diccionario y con derecho a repetición.

87.   Quédate a mi lado hasta que mi vida se extinga; no te vayas antes de eso, porque tu ausencia me mataría antes de tiempo y no quiero que vivas con esa culpa…!

68

88. Si quieres hacer el amor conmigo, debes garantizarme que lo harás muchas veces; una vez sería un borrador y yo no resisto las obras incompletas.

89. En este mundo se celebra el día de Halloween todos los días, porque la mayoría de las personas sale a la calle usando máscaras…! Máscaras invisibles, pero mascaras al fin y al cabo…!

90. ¿Para qué te desgastas imaginando cosas que no son? Si a veces con las que ya son, nos basta y nos sobra…?

91.   No quiero un hombre para pasar el rato, a menos que ese rato dure el resto de mi vida…!

92.   Regálame un beso con sabor a infinito, a no me sueltes, a quédate conmigo por toda la eternidad…!

93.   De lo único que me arrepiento, es de no haber sido yo misma en muchos momentos de mi vida por recurrir a la diplomacia…

72

94.   No hay nada que hacer, yo nací para ser buena persona; la maldad no me luce, los disfraces no me quedan, el engaño está de pelea conmigo y las intrigas se mudan con frecuencia ocultándome su paradero.

95.   Antes veía la vida como la quería ver y me engañaba sola; ahora la veo como es en realidad sin agregarle adornos y esa liviandad la ha tornado más verdadera.

96.   Creo que los hombres si tienen su corazoncito después de todo; porque hay unos que aman sus autos, otros la buena vida, el sexo, el trabajo, los viajes, el dinero, el poder y hasta sus mascotas.

74

97. Aquí la cosa es muy simple: Yo no quiero ocupar un lugar en tu vida, yo quiero ser tu todo; así que no pierdas tu tiempo ofreciéndome menos que eso…!

98. Me choca la gente que aparenta ser un dulce de breva cuando en el fondo son un verdadero limón y de los más ácidos.

99. Eres un hombre tan bonito y estás tan bien hecho que sería una verdadera redundancia preguntarte ¿Cómo estás? cuando la respuesta salta a la vista…!

76

100. Aprendí que cuando alguien me dice "Yo te aviso" es porque no me va a avisar.

101. Le temo más a los demonios de carne y hueso que habitan entre nosotros, que a esos que vagan por el mundo y no vemos.

102. Es fácil pedir calma, cuando no eres tú quien siente la angustia.

103. En ocasiones no es necesario cruzar una puerta para irse; a veces las personas se despiden de ti en silencio aunque se queden a tu lado y eso es terrible…!

104. Cuando discutimos le damos el control total a la inconsciencia, dejando a la cordura sin armas para dirigirnos.

105. La oración no es una sumatoria de méritos para llegar a ser perfecto; es simplemente un hilo de luz que cose poco a poco los bordes de nuestra alma, evitando que se pierda en la oscuridad.

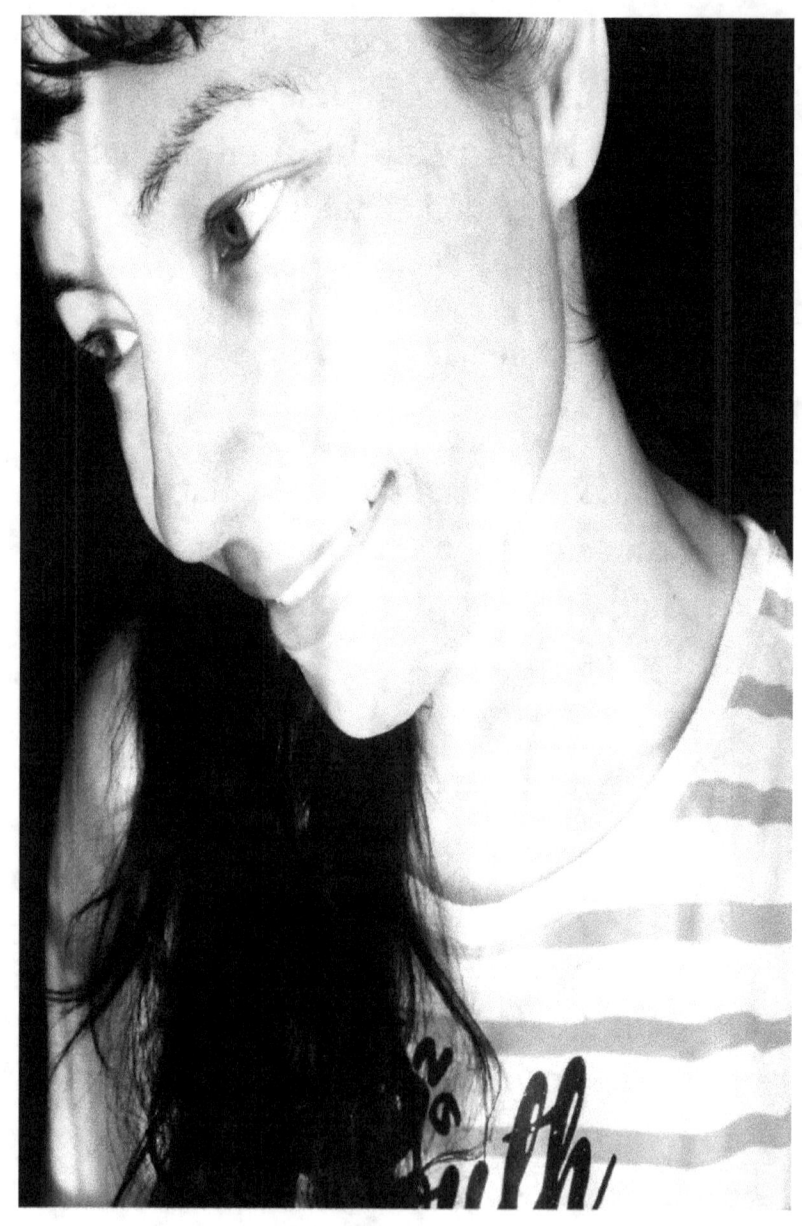

80

106. Cuando la crítica no es edificante, se convierte en una vieja cizañera con muy poca credibilidad a la que prefiero ignorar por completo.

107. No me atormento con la idea que algún día voy a morir; pero tampoco vivo mi vida pensando que soy eterna y me quedaré aquí para siempre…

108. Creo en Dios, no critico a quien no cree; pero no le permito a nadie que venga a juzgar mis creencias…

82

109. Infiero que la melancolía es un intruso desaplicado, que puedo echar cuando yo lo decida con solo un cambio de actitud…

110. El amor verdadero nunca es enclenque, ni perezoso, ni cruel, ni mentiroso, mucho menos indecoroso; esas son características que le pertenecen a algunos seres que aducen sentirlo…!

111. Antes de poner toda tu confianza en una persona, averigua primero si vale la pena arriesgarse a tanto; pues si de todas formas va a decepcionarte, es mejor asegurarse que el mal rato se justifique.

84

112.   Hay personas que hablan tan bonito que uno tiende a creerles el cuento que son una verdadera maravilla…!

113.   Si alguien sabe adónde va el amor que muchos tiran a la basura; por favor "Avíseme" porque yo estoy dispuesta a reciclarlo…!

114.   Si quieres colgarte de mí para trepar más alto; no pierdas tu tiempo, porque yo no soy bejuco y si lo fuera tu jamás podrías usarme…!

115.   La familia es una entrega a domicilio que llega una sola vez, sin haberla elegido, sin pedirla y sin nuestra autorización.

116.   Amo las mascotas; los seres humanos somos tan complejos que me resulta más sencillo entender el comportamiento de un perro o de un gato.

117.   Las mujeres somos tercas; sabemos que los hombres tienen el corazón bien escondido, pero nos empeñamos en encontrárselo a como dé lugar.

118.   Mi vida no está completa, desde que una gran parte de mí, decidió irse a vivir contigo sin invitarme y sin tomarme en cuenta…!

119.   No soy de las que creen en los cuentos de hadas; pero más de una vez me he comido el cuento y me han hecho ver hadas en medio de un gallinero.

120.   Si el hombre que me gusta, me dijera "Te quiero como a una amiga" mínimo, mínimo le desarmo el esqueleto…

90

121. No admiro al hombre que deja de amar a una mujer; admiro a ese que es capaz de decírselo con los labios, mirándola a los ojos y mucho antes de hacérselo sentir…!

122. No soy amiga de tener amigas; yo elijo tener amigos, aunque los hombres me saquen más canas.

123. Te amo con un amor distinto que nadie conoce, ni ha sentido; porque es solo tuyo y nació personalizado…!

124.   Desde que te conocí, he dicho "Te amo" muchas veces y todos los derechos de esa frase son completamente tuyos.

125.   Las mujeres no damos cantaleta; es solo, que nuestras emociones tienen parlante incorporado...

126.   Olvidarte es una solicitud que mi cerebro rechaza todos los días...

127. Te haces inolvidable para alguien, cuando eres único/a y te comportas de tal forma que ninguna otra persona puede usurpar tu lugar, estés cerca o lejos…

128. Hay personas que dicen lo que no sienten y hay otras que sienten mil cosas y nunca lo dicen.

129. Si soy tonta por amarte, vas a tener que construirle un monumento a la tontería; porque voy a amarte mucho y sin fecha de caducidad…

130. En el amor no se trata de quién está cerca de ti físicamente sino de quién te posee…

131. No busco tesoros en los bolsillos, en las cajas fuertes o en restos prehistóricos; yo anhelo encontrar uno de carne y hueso que esté dispuesto a amarme y tenga por alma una verdadera joya…

132. No me gusta pedir perdón; por eso siempre trato a las personas de tal forma, que no tenga que llegar con frecuencia a ese punto.

98

133. Admiro a las personas que deciden cambiar de vida luego de estar atrapadas en el lodo y hablan escuetamente de sus errores para que los demás puedan evitarlos…

134. Si no eres capaz de sacrificarte por el ser que amas, entonces no amas en realidad…

135. El remordimiento es un fantasma con voces que todo el tiempo se ocupa de echarte en cara tu equivocación y te habla a gritos de tus errores.

100

136. La mayoría de las personas confunden el amor con la pasión y al poco tiempo de albergarlo lo dejan abandonado entre sabanas usadas para ir en busca de otra cama…

137. Siempre te amaré en tiempo presente para darme el gusto de amarte todos los días; con el ímpetu de la novedad, con la premura de nuestro primer instante juntos…!

138. Si Dios no existe… ¿Por qué tantas personas hablan de él? Yo creo que nadie le prestaría atención durante siglos a un ser imaginario; ni se ocuparían en negar sus principios, su historia, sus enseñanzas si no fuera porque Dios es real, poderoso, omnipotente y muy amenazante para aquellos que se niegan a creer.

139.   Acostumbraba elevar el tono de mi voz cuando estaba enojada; hasta que entendí que por más gritara nadie estaba obligado a escucharme ni mucho menos a entenderme …
y mi rabia era mía y yo era la única que podía alimentarla o disiparla sin escándalos…

140.   Nada más tierno que un hombre tierno, capaz de conmoverse y de llorar con ganas, sin sentirse débil ni creerse menos hombre por derramar una lágrima…

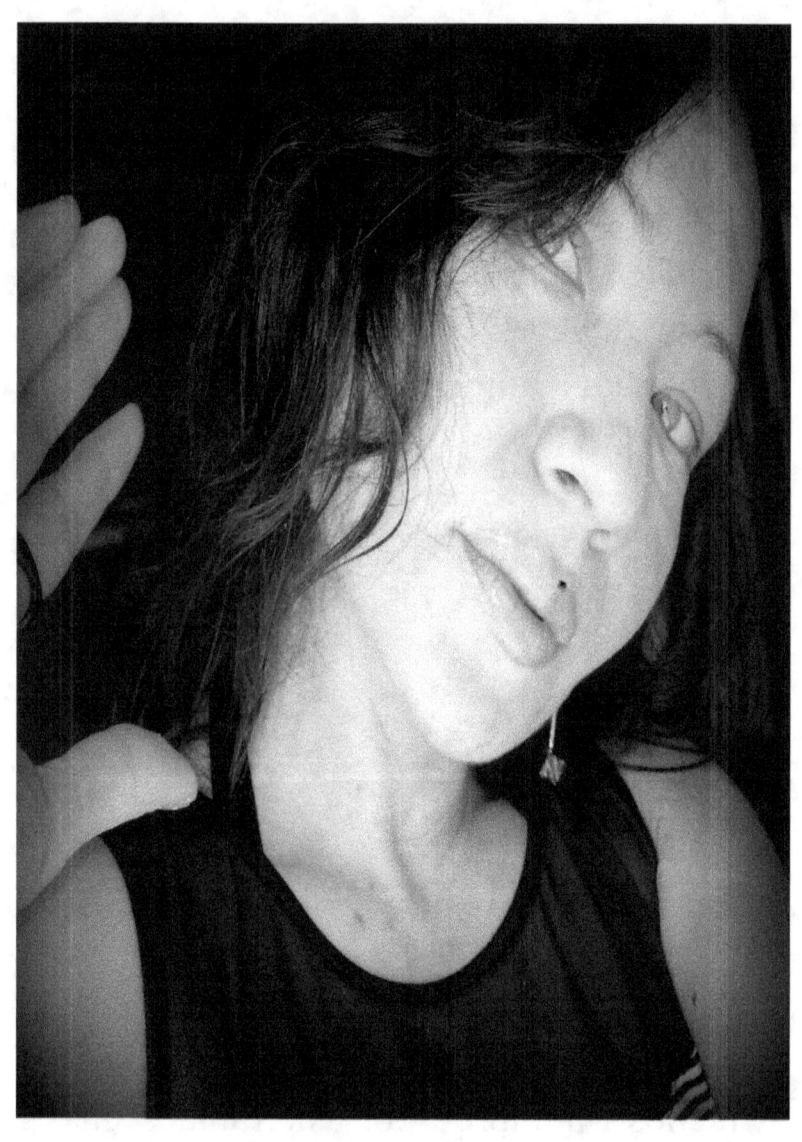

141. Me gustan los hombres que lucen, visten y actúan como hombres; me desconciertan los que usan cremas para las arrugas, se miran en cuanto espejo encuentran y tienen más cintura e incluso más curvas que yo…!

142. El amor de mi vida tiene nombre y apellido y anda por ahí desprevenido pensando que es libre…!

143. Yo no vivo del qué dirán; es imposible vivir en función de los demás y seguir las indicaciones de tantas personas, que quizás no saben ni quiénes son, ni para dónde van…

144.   Cuando no estás aquí el mundo sigue su rumbo, el sol sigue brillando, la lluvia sigue cayendo; el problema es que tú eres el mundo, el sol, la lluvia y así me queda muy difícil desligarme de tu recuerdo...!

145.   No es que no pueda amar a otro hombre; es que sólo te amo a ti...!

146.   Yo no te prometo ni la luna ni las estrellas; pero te aseguro que siempre estaré a tu lado para verlas juntos desde el mismo punto del universo...!

147.   Si piensas que mi amor por ti va a extinguirse con el paso del tiempo; siéntate a esperar porque te demoras…!

148.   Es irónico que en mundo donde la gran mayoría pregona el respeto por la diferencia; todavía me señalen con frecuencia por pensar distinto…!

149.   Llegué a la conclusión que no todo el que llora está triste y no todo el que ríe a carcajadas es el más feliz…

110

150. Si todo el mundo se aleja y Dios está de mi lado, no tengo por qué sentirme sola…!

151. Amo que me ames con un amor que no conocías y que a nadie más le entregaste…

152. Contigo me gastaría todos mis intentos aunque no triunfara en uno solo y agotaría todas las posibilidades de ganarme tu corazón aunque fracasara en el empeño; porque eres el hombre que amo y luchar por tu amor es un verdadero placer…!

153. ¿Quieres que sea infinitamente feliz por el tiempo que me resta de vida? Entonces, quédate conmigo y ya tu intención está resuelta…!

154. Infiero que la paciencia no es tan tortuosa como pensaba y es fácil de adoptar si tienes la motivación correcta…!

155. El matrimonio no es un fin, es un comienzo que nos obliga a sacar lo mejor que tenemos dentro para que las cosas de afuera no echen a perder ese proyecto…!

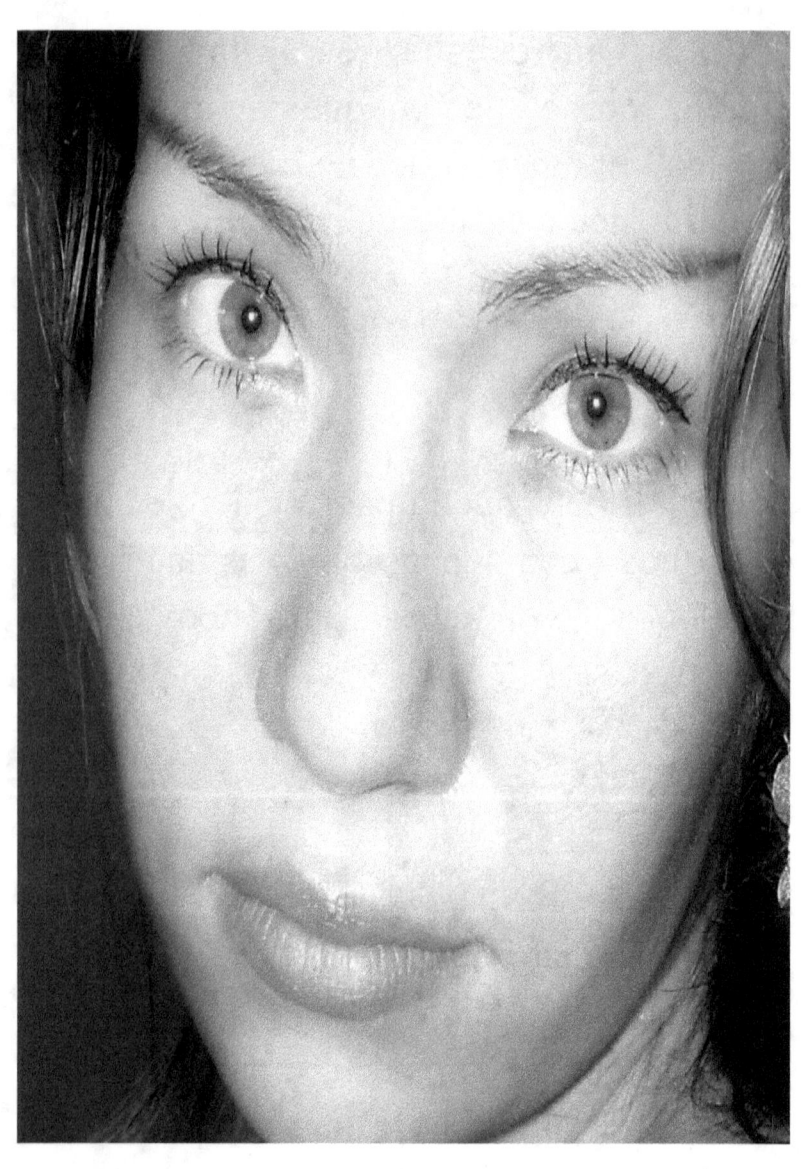

114

156.   A veces es necesario conocer a fondo el infierno para empezar a valorar el cielo…!

157.   Cuando me enamoré de ti; no me enamoré de lo que vi en el primer instante, sino de todo aquello que podía llegar a encontrar y a descubrir todos los días…!

158.   Me enorgullece pregonar que soy mujer de un solo hombre; pero es más gratificante cuando el hombre que amo lo certifica…!

116

159.   Yo no creo que en la variedad esté el placer; para mí está en una única y excelente elección que me haga sentir completa y me quite los deseos de explorar en otro lugar…!

160.   El rostro de un ser humano es el reflejo del alma que alberga…!

161.   Te amare toda la eternidad porque el día que se detenga mi corazón seguiré amándote con el alma…

118

162. Entraste en mi vida una vez y nunca más pude sacarte de ahí…

163. Pienso tanto en ti que mis neuronas me reclaman y me gritan "Intensa"…

164. En una escala de uno a diez yo te amo 101…!

165. No es que sea celosa es que cuido al máximo lo que amo, para que no llegue otra a cuidar lo que yo descuido…!

166.   Contigo no me echaría una canita al aire; sencillamente me las echaría todas aunque me quedara calva...!

167.   La frustración es como un árbol sin hojas, que se la pasa deseando ser frondoso y no encuentra la forma de escapar de un verano eterno...

168.   El terco no escucha consejos; pues aunque tiene oídos es completamente sordo y solo permite que sus vísceras lo dirijan...

169. No hay personas brutas, sino inmunes a la inteligencia…

170. Voy a levantarme todas las veces que me caiga, hasta que el destino se acostumbre a verme de pie…

171. Cuando dos personas se aman de verdad, siempre se las arreglan para ir tomados de la mano aunque vivan en mundos distintos…

172.   Si el amor no existe, tú lo creaste y me convertiste en tu conejillo de indias para ponerlo a prueba…

173.   No busco a un hombre que me haga feliz, busco uno que esté dispuesto a amarme siempre; porque el amor es eterno y la felicidad es inconstante…

174.   No quiero ser la mujer de tus sueños, me conformo con ser tu esposa y vivir a tu lado el resto de mis días…

175.   Es fácil encontrar a alguien para pasar un buen rato, pero cuesta tanto trabajo hallar a alguien para pasar la vida…!

176.   Si te demoras, yo te espero; soy capaz de soportar tu ausencia por siglos si tengo la certeza que regresas…

177.   Hay personas tan vacías, huecas y superficiales que son incapaces de darle sentido a lo que dicen y trascendencia a lo que hacen…

128

178. Si te crees "La gran cosa" es porque "cosa" es una insignificancia…

179. Prefiero a un malgeniado expresivo que a un solapado cohibido…!

180. La paz no debería convertirse en una búsqueda; sino en una entrega consciente, constante y personal…

181. La salud es un tesoro que rara vez buscamos, que cuando lo tenemos no lo disfrutamos y que solo valoramos cuando lo perdemos…

182. Elijo el bien; el mal exige un corazón yerto, rígido como el pavimento y el mío es tan blando que sería rechazado en el primer intento…!

183. No es que existan más demonios que ángeles; lo que sucede es que los primeros hacen más bulla para hacerse notar…!

184. La excelencia no es un lugar al que podemos llegar para luego reposar sin preocupaciones; en realidad, es una lucha constante que solo le permite saborear su gloria a unos pocos y en contados instantes…!

185.   *AMAR* es: *A*prender a *M*aquillar de *A*zul un *R*io que no existe…!

186.   Invítame a escribir juntos una historia de amor sin florecitas ni duendes; convénceme de vivirla y estaré contigo hasta la última página corrigiendo hasta los errores de edición…

187.   Cuando vivimos una decepción sentimos que se nos acaba el mundo; entonces, es un verdadero alivio que el mío haya seguido girando a pesar del dolor que me causaste…!

188. Recibo con beneplácito las opiniones constructivas y edificantes; aunque echen por tierra lo que he hecho o dicho…!

189. Es una verdadera lástima que a las personas les sobren motivos para divorciarse y tengan tan pocos a la hora de casarse…!

190. La compasión es una cajita mágica que carga por instantes el dolor y la tragedia de los demás alivianando su sufrimiento…!

191. Quien actúa con violencia no soluciona los problemas los agiganta y entre más grande es su disgusto, más grande es el vacío que siente cuando se calma…!

192. La tolerancia es amiga íntima de la sensatez y enemiga acérrima de los impulsos viscerales oscuros y dañinos…!

193. Si la alegría pudiera atraparse, le pondría una trampa precisa para convertirla en mi compañía constante…!

194. El tiempo es un caminante perpetuo que siempre anda hacia adelante, sin cargar equipaje y olvidando por completo cada segundo que pasa...!

195. La familia no es el núcleo de la sociedad es el soporte, el ancla que no deja hundir los valores y el buen juicio; la brújula que impide que nos perdamos en un mundo cada vez más desorientado...!

196. Siempre he creído que la persona que acostumbra dar "gracias" le regala a quien las recibe, una acción para imitar y una bendición...

140

197.   La gente hoy en día anda más preocupada por la tecnología que por el medio ambiente; como si pudieran crear otro en un laboratorio, cuando lo echemos a perder o simplemente no exista…!

198.   Tu voz es música para mis oídos y mi corazón es un melómano intenso que desea escuchar a diario esa melodía…!

199.   Te necesito no por lo que me das; sino por todo lo bueno que sacas dentro de mí cuando estás cerca…!

142

200.   Cuando te casas inicias un viaje a pie, descalzo y por un camino muy escarpado; en el que vas a necesitar más fuerza mental que física para soportar el peso del equipaje y superar con éxito los contratiempos, el cansancio y el hastío…

201.   No entiendo ¿Por qué si vivimos en una nueva era, dónde nada es malo y todo está permitido; la gente sigue escondiéndose para hacer cosas que solo los anticuados consideramos indebido?...

202.   Antes lloraba por cualquier cosa y no me importaba; ahora mis lágrimas valen oro y antes de dejarlas caer, analizo si la situación o la persona que las causa justifican una pérdida de esa naturaleza…

203. La tristeza es un invitado que llega de pronto y sin avisar, que le pone gafas oscuras a tu optimismo y vuelve un caos tu serenidad. Pero como todo visitante está de paso, no va a quedarse; así que cuánto más rápido lo despidas mejor…

204. Conocerte no es una fantasía, en realidad hace mucho que se convirtió en un sueño; un sueño tímido que con gusto se robaría un pedacito de cielo… Un cielo que tiene tu nombre estampado en todos los rincones…

205. La indiferencia lastima más que una palabra inadecuada; pues al ignorarte te quitan toda posibilidad de refutar y defenderte, reduciéndote a algo que no tiene importancia…

146

206.   ¿Cómo puede ser que seas tan guapo y verte más guapo cada vez que te veo?...

207.   Pretender que te olvide es tan imposible, como procurar que las estrellas se caigan un día del firmamento y empiecen a brillar a ras de suelo…!

208.   Extrañarte es un verbo conjugado incapaz de expresar la falta tan inmensa que me haces; creo que necesitaría el diccionario entero para hablarte un poco del vacío gigante que dejaste aquí desde que no estás…

Gracias a Dios por sanarme el alma y el
cuerpo;
por ser mi luz,
mi guía,
mi apoyo,
mi padre
y mi todo...!

Gracias a mi madre Nemitas por estar siempre
a mi lado y ser mi mejor amiga...

Gracias a mis crecientes lectores que me
apoyan en mi empeño de ser una gran
escritora...!